# EN VEDETTE DANS CE LIVRE

★ **MEGALOSAURUS** ★

(MÉGA-lozo-RUSS)

## SAVAIS-TU QUE...

*Megalosaurus* est le tout premier dinosaure à avoir été nommé?
Ce sont des ossements trouvés en 1824 dans des mines
souterraines de l'Oxfordshire, en Angleterre, parmi lesquels
figurait une partie de mâchoire comprenant de grosses dents, qui
ont indiqué aux chercheurs qu'il s'agissait d'une nouvelle espèce.

*Megalosaurus*
signifie
« grand lézard »

# PLANTONS LE DÉCOR

Tout a commencé quand les premiers dinosaures sont apparus il y a environ 231 millions d'années, pendant le Trias.

C'était le début de l'ère des dinosaures, une période où ils allaient être les rois du monde !

Les scientifiques appellent cette période le

## MÉSOZOÏQUE.
(mé-zo-zo-ic)

Elle a duré si longtemps qu'ils l'ont divisée en trois parties.

## Le TRIAS
**51** millions d'années

il y a **252** millions d'années

## Le JURASSIQUE
**56** millions d'années

il y a **201** millions d'années

*Megalosaurus* a existé durant le Jurassique,
il y a entre 166 et 167 millions d'années.

# Le
# CRÉTACÉ

← **79** millions d'années →

il y a **145** millions d'années      il y a **66** millions d'années

# BULLETIN MÉTÉO

La Terre n'a pas toujours été comme on la connaît.
Avant les dinosaures et au début du Mésozoïque,
tous les continents étaient soudés et formaient un
supercontinent appelé «la Pangée». Au fil du temps,
les choses ont changé, et à la fin du Jurassique,
la Terre ressemblait plutôt à ceci.

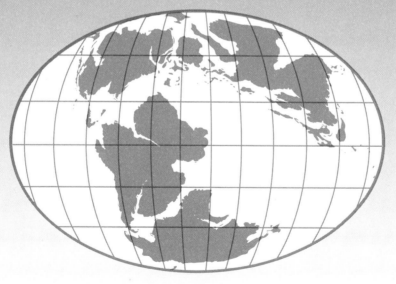

## JURASSIQUE IL Y A 150 MILLIONS D'ANNÉES

Période nommée d'après le Massif du Jura, situé dans les Alpes européennes

# TRIAS

Extrêmement chaud, sec et poussiéreux

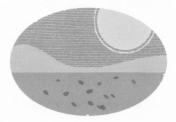

# JURASSIQUE

Très chaud, humide et tropical

# CRÉTACÉ

Chaud, pluvieux et saisonnier

À mesure que les continents se sont détachés, de nouvelles lignes côtières sont apparues. Autrefois sèche, la température est devenue humide et beaucoup de déserts se sont transformés en forêts pluviales luxuriantes.

# D'OÙ VIENT-IL ?

Voici ce que nous savons à ce jour et où nous l'avons découvert...

C'EST LE PALÉONTOLOGUE

**WILLIAM BUCKLAND**

QUI A DONNÉ SON NOM À MEGALOSAURUS, EN **1824**.

# ROYAUME-UNI
## OXFORDSHIRE

Beaucoup d'os seuls, dont des os de mâchoire bien conservés et sur lesquels il y avait encore des dents !

*Megalosaurus* est le tout premier dinosaure sur la planète à avoir reçu un nom, mais au moment de sa découverte, William Buckland ignorait que ce qu'il avait trouvé était un dinosaure. Ce mot ne serait inventé que 20 ans plus tard !

En 1842, en examinant les os de *Megalosaurus*, le professeur Richard Owen a réalisé que l'animal, comme d'autres grands reptiles découverts en Grande-Bretagne, appartenait à un genre complètement inconnu, qu'il appela les «dinosaures». D'autres os de *Megalosaurus* ont été trouvés ailleurs en Angleterre depuis.

# PORTRAIT

*Megalosaurus* est le plus gros prédateur du Jurassique moyen à avoir été découvert en Angleterre à ce jour et l'un des plus gros de cette période à avoir été découvert dans le monde entier !

Regardons *Megalosaurus* pour voir en quoi il était spécial, fascinant et complètement extraordinaire !

Hauteur à
la hanche

## MEGALOSAURUS

**3** mètres des orteils à la hanche

*Megalosaurus* mesurait 3 mètres des orteils à la hanche, mais atteignait les 5 mètres lorsqu'il se dressait pour attaquer, ce qui le rendait encore plus effrayant !

**PORTE**

2 mètres

# MEGALOSAURUS

Longueur : **jusqu'à 9** mètres

Hauteur : **3 mètres**

Poids : **de 1000 à 1500**
         kilogrammes

SOURIS

# AUTOBUS À ÉTAGE

Longueur : 11 mètres  Hauteur : 4,5 mètres  Poids : 8000 kilogrammes **(vide)** Largeur : 2,5 mètres

# TROUILLE-
## O-MÈTRE

### Où se classe
### *Megalosaurus* ?

AUCUNEMENT
TERRIFIANT

 1  2  3  4  5

6 | 7 | 8 | 9 | 10

Avec sa gueule remplie de grosses dents acérées
et ses puissantes pattes musclées faites pour la
course, *Megalosaurus* était un prédateur féroce
qu'il fallait éviter à tout prix!

# JUGEOTE

Quand nous avons commencé à découvrir des dinosaures,
nous pensions qu'ils étaient plutôt stupides !

Par la suite, quelques scientifiques ont cru que certains
dinosaures avaient un second cerveau près de leur derrière !
On sait aujourd'hui que rien de cela n'est vrai.

Les scientifiques reconnaissent maintenant que les dinosaures
n'avaient qu'un seul cerveau et qu'ils étaient plutôt futés pour des
reptiles. Certains comptaient même parmi les plus intelligentes
créatures sur Terre pendant le Mésozoïque. Cela dit, la plupart des
mammifères actuels n'auraient rien à leur envier sur ce plan.

En tenant compte de :

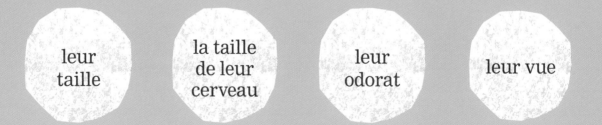

leur
taille

la taille
de leur
cerveau

leur
odorat

leur vue

les scientifiques sont en mesure de les comparer les uns aux autres...

# OÙ FIGURE MEGALOSAURUS, UN CARNIVORE, AU PALMARÈS DES CERVEAUX?

TROODON
(tro-OH!-don)
10/10
CARNIVORE
(le plus intelligent)

TYRANNOSAURUS REX
(ti-RAAAH!-nozo-RUSS rex)
9/10
CARNIVORE

MEGALOSAURUS
(MÉGA-lozo-RUSS)
8/10
CARNIVORE

IGUANODON
(i-GWA-no-DON)
6/10
HERBIVORE

STEGOSAURUS
(STÉGO-zo-RUSS)
3/10
HERBIVORE

DIPLODOCUS
(di-PLO-do-KUSS)
2/10
HERBIVORE
(pas tellement intelligent)

Les dinosaures sont
représentés à l'échelle!

# RAPIDOMÈTRE

LENT

1 2 3 4 5

On arrive à estimer la rapidité des dinosaures en regardant la longueur de leurs pattes, leur masse corporelle et les pistes fossilisées (les traces de pas) qu'ils ont laissées. Les chercheurs croient que *Megalosaurus* était rapide sur les distances courtes.

RAPIDE

6 7 8 9 10

# ARMES

Bien que *Megalosaurus* soit le premier dinosaure à avoir été nommé, et le tout premier théropode connu, nous n'avons jamais trouvé de squelette entier de cette espèce. Nous ignorons donc à quoi il ressemblait exactement… pour l'instant ! Il ne fait toutefois aucun doute que c'était un combattant redoutable…

En 1677, longtemps avant la création du mot «dinosaure», on a trouvé un os de cuisse dans l'Oxfordshire, en Angleterre. Il était si gros que les gens croyaient qu'il avait appartenu à un géant ou à un éléphant de guerre romain. Les scientifiques pensent aujourd'hui que ce devait être un os de *Megalosaurus*.

# PISTES

Malgré sa taille, *Megalosaurus* était probablement assez rapide. Des pistes ont été découvertes dans une carrière d'Ardley, dans l'Oxfordshire, en Angleterre, et l'on croit qu'il s'agit de pistes de *Megalosaurus*. On peut aujourd'hui voir la reproduction de l'une de ces pistes dans la pelouse du Musée d'histoire naturelle de l'Université d'Oxford.

# MÂCHOIRE

L'iconique fragment de mâchoire de *Megalosaurus* est l'une des plus importantes découvertes de la paléozoologie de tous les temps ! S'il fait environ 30 centimètres de long, la mâchoire entière de *Megalosaurus* devait mesurer autour de 90 centimètres. William Buckland est le premier à avoir examiné les dents attachées à cette mâchoire et a réalisé que, comme chez les reptiles, elles étaient continuellement remplacées.

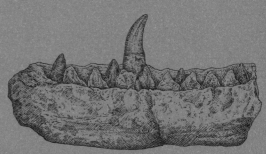

# DENTS

Nous avons trouvé plusieurs morceaux d'os de mâchoire de *Megalosaurus*.

Les paléontologues sont en mesure d'affirmer que sa mâchoire était remplie de dents effilées, dentelées et recourbées vers l'arrière. Les caractéristiques parfaites pour agripper et découper de la viande !

Dent de 17 centimètres en taille réelle

# AU MENU

## DE LA VIANDE, DE LA VIANDE ET ENCORE DE LA VIANDE!

*Megalosaurus* trônait probablement au sommet de la chaîne alimentaire de son époque, mais comme tous les prédateurs, si un repas facile comme une charogne (un animal déjà mort) se trouvait sur son chemin, il profitait sûrement de l'aubaine !

Quand nous avons commencé à pratiquer la paléontologie, beaucoup de fossiles étaient identifiés comme étant *Megalosaurus*, car c'était le premier dinosaure à avoir été découvert. Ce nom est devenu une appellation « fourre-tout » que l'on attribuait à beaucoup de dinosaures ! À la lumière de nouveaux examens, de nombreux spécimens ainsi étiquetés ont reçu un nouveau nom.

# QUI HABITAIT DANS LE MÊME
# VOISINAGE?

Voici deux dinosaures qui habitaient au même moment que *Megalosaurus* le territoire qui deviendrait l'actuelle Angleterre...

## ILIOSUCHUS
### (ILIO-su-KUSS)

On connaît ce petit théropode grâce aux quelques os trouvés çà et là dans les mêmes rochers que *Megalosaurus*. Des scientifiques pensent toutefois que certains os identifiés comme appartenant à *Iliosuchus* sont peut-être des os de jeunes *Megalosaurus*.

# CETIOSAURUS

(CÉTIO-zo-RUSS)

*Cetiosaurus* («le lézard baleine»)
a reçu son nom en 1841. Autrefois
uniquement connu à partir de
quelques os trouvés seuls, on
croyait qu'il était une créature
marine, voire un crocodile géant! On
a toutefois découvert des squelettes
de *Cetiosaurus* 30 ans plus tard et c'est
à ce moment que les scientifiques ont
établi qu'il s'agissait d'un dinosaure.
Certains de ces os viennent des mêmes
rochers que ceux de *Megalosaurus*,
ce qui signifie qu'ils se sont peut-être
côtoyés.

# QUEL ANIMAL VIVANT AUJOURD'HUI RESSEMBLE LE PLUS À MEGALOSAURUS?

On peut aujourd'hui voir *Megalosaurus* dans le parc du Crystal Palace à Londres, en Angleterre, mais il n'est malheureusement pas en vie! Il s'agit plutôt d'une statue dévoilée en 1854. Elle fait partie d'une collection de plus de 30 statues qui constituent la première tentative de créer des modèles 3D en grandeur nature d'espèces animales disparues de partout dans le monde.

1854

7 MÈTRES DE LONG

QUATRE PATTES

À cette époque, on considérait *Megalosaurus* comme un grand lézard massif qui se déplaçait à quatre pattes et ressemblait un peu à un rhinocéros. Après avoir fait d'autres découvertes, les scientifiques ont réalisé que ce n'était pas le cas et que *Megalosaurus* marchait sur deux pattes.

Si elle n'offre pas une représentation exacte, la statue du parc de Crystal Palace demeure un important rappel quant à la façon dont la paléontologie évolue en tant que science à mesure que les chercheurs apprennent de nouvelles choses sur le passé.

9 MÈTRES DE LONG

AUJOURD'HUI

DEUX PATTES

# QU'Y A-T-IL DE SI GÉNIAL À PROPOS DE MEGALOSAURUS ?

## PÉRIODE D'EXISTENCE

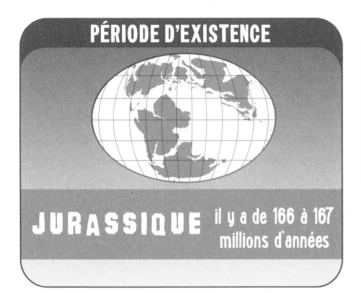

**JURASSIQUE** il y a de 166 à 167 millions d'années

## TAILLE DES DENTS

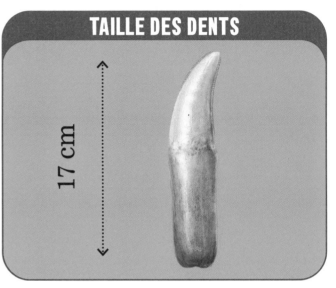

17 cm

## POIDS

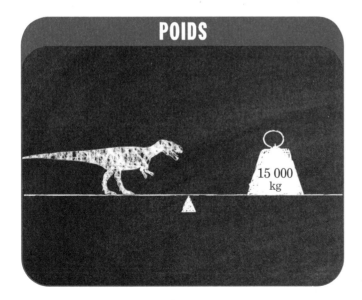

15 000 kg

## RAPIDE OU LENT ?

*RAPIDITÉ*

sur 10

**7**

# EN BREF

## DÉCOUVERTES À CE JOUR

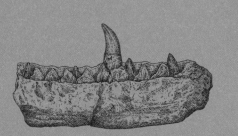

BEAUCOUP D'OS, DONT DES OS DE MÂCHOIRE AVEC DES DENTS

## TERRIFIANT OU PAS ?

TROUILLE-O-MÈTRE

**8**

## VIANDE OU PLANTES ?

DE LA VIANDE, DE LA VIANDE ET ENCORE DE LA VIANDE !

## SON ÉQUIPEMENT

MÂCHOIRE PISTES

# AS-TU LU TOUTE LA SÉRIE ?

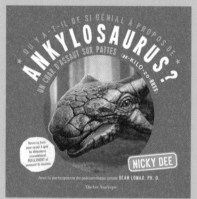

QU'Y A-T-IL DE SI GÉNIAL À PROPOS DE
## ANKYLOSAURUS ?
UN CHAR D'ASSAUT SUR PATTES (an-KILO-zo-RUSS)

Ouvre ce livre pour savoir à quoi les dinosaures ressemblaient RÉELLEMENT et comment ils vivaient

NICKY DEE

Avec la participation du paléontologue primé DEAN LOMAX, PH. D.

Québec Amérique

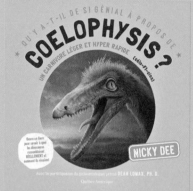

QU'Y A-T-IL DE SI GÉNIAL À PROPOS DE
## COELOPHYSIS ?
UN CARNIVORE LÉGER ET HYPER RAPIDE (célo-FI-siss)

Ouvre ce livre pour savoir à quoi les dinosaures ressemblaient RÉELLEMENT et comment ils vivaient

NICKY DEE

Avec la participation du paléontologue primé DEAN LOMAX, PH. D.

Québec Amérique

QU'Y A-T-IL DE SI GÉNIAL À PROPOS DE
## DIPLODOCUS ?
UN GÉANT À LONG COU ET À QUEUE DE FOUET (di-PLO-do-KUSS)

Ouvre ce livre pour savoir à quoi les dinosaures ressemblaient RÉELLEMENT et comment ils vivaient

NICKY DEE

Avec la participation du paléontologue primé DEAN LOMAX, PH. D.

Québec Amérique

QU'Y A-T-IL DE SI GÉNIAL À PROPOS DE
## LEAELLYNASAURA ?
UN HERBIVORE POLAIRE À LONGUE QUEUE (LÉLI-nazo-RAAH !)

Ouvre ce livre pour savoir à quoi les dinosaures ressemblaient RÉELLEMENT et comment ils vivaient

NICKY DEE

Avec la participation du paléontologue primé DEAN LOMAX, PH. D.

Québec Amérique

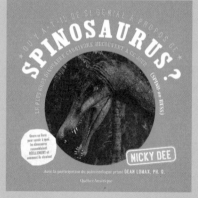

QU'Y A-T-IL DE SI GÉNIAL À PROPOS DE
## SPINOSAURUS ?
LE PLUS GROS DINOSAURE CARNIVORE DÉCOUVERT À CE JOUR (SPINO-zo-RUSS)

Ouvre ce livre pour savoir à quoi les dinosaures ressemblaient RÉELLEMENT et comment ils vivaient

NICKY DEE

Avec la participation du paléontologue primé DEAN LOMAX, PH. D.

Québec Amérique

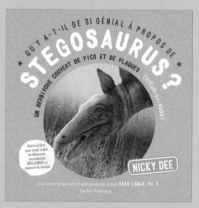

QU'Y A-T-IL DE SI GÉNIAL À PROPOS DE
## STEGOSAURUS ?
UN HERBIVORE COUVERT DE PICS ET DE PLAQUES (STÉGO-zo-RUSS)

Ouvre ce livre pour savoir à quoi les dinosaures ressemblaient RÉELLEMENT et comment ils vivaient

NICKY DEE

Avec la participation du paléontologue primé DEAN LOMAX, PH. D.

Québec Amérique

QU'Y A-T-IL DE SI GÉNIAL À PROPOS DE
## TRICERATOPS ?
LE DERNIER ET LE PLUS GROS DES DINOSAURES À CORNES (TRI-céra-TOPS)

Ouvre ce livre pour savoir à quoi les dinosaures ressemblaient RÉELLEMENT et comment ils vivaient

NICKY DEE

Avec la participation du paléontologue primé DEAN LOMAX, PH. D.

Québec Amérique

QU'Y A-T-IL DE SI GÉNIAL À PROPOS DE
## TYRANNOSAURUS REX ?
« LE ROI DES DINOSAURES » (ti-RAAAH !-zoro-RUSS rex)

Ouvre ce livre pour savoir à quoi les dinosaures ressemblaient RÉELLEMENT et comment ils vivaient

NICKY DEE

Avec la participation du paléontologue primé DEAN LOMAX, PH. D.

Québec Amérique

QU'Y A-T-IL DE SI GÉNIAL À PROPOS DE
## VELOCIRAPTOR ?
UN CHASSEUR EN BANDE DE LA TAILLE D'UNE DINDE ET COUVERT DE PLUMES (VÉLO-ci-RAP-tor)

Ouvre ce livre pour savoir à quoi les dinosaures ressemblaient RÉELLEMENT et comment ils vivaient

NICKY DEE

Avec la participation du paléontologue primé DEAN LOMAX, PH. D.

Québec Amérique

**Projet dirigé par Flore Boucher**

Traduction : Olivier Bilodeau
Mise en pages : Damien Peron
Révision linguistique : Sabrina Raymond

Québec Amérique
7240, rue Saint-Hubert
Montréal (Québec) Canada  H2R 2N1
Téléphone : 514 499-3000, télécopieur : 514 499-3010

Ce texte privilégie la nomenclature zoologique par opposition aux noms vernaculaires des animaux.

Nous reconnaissons l'aide financière du gouvernement du Canada.

Nous remercions le Conseil des arts du Canada de son soutien.
*We acknowledge the support of the Canada Council for the Arts.*

Nous tenons également à remercier la SODEC pour son appui financier. Gouvernement du Québec – Programme de crédit d'impôt pour l'édition de livres – Gestion SODEC.

Canada     Conseil des arts    Canada Council     SODEC
           du Canada           for the Arts       Québec

**Catalogage avant publication de Bibliothèque et Archives nationales du Québec et Bibliothèque et Archives Canada**

Titre : Megalosaurus / Nicky Dee ; collaboration, Dean Lomax [et cinq autres] ; traduction, Olivier Bilodeau.
Autres titres : Megalosaurus. Français
Noms : Dee, Nicky, auteur.
Description : Mention de collection : Qu'y a-t-il de si génial à propos de…? | Documentaires |
Traduction de : Megalosaurus.
Identifiants : Canadiana (livre imprimé) 20210069465 | Canadiana (livre numérique) 20210069473 | ISBN 9782764446942 | ISBN 9782764447017 (PDF)
Vedettes-matière : RVM : Megalosaurus—Ouvrages pour la jeunesse. | RVM : Dinosaures—Ouvrages pour la jeunesse. | RVMGF : Albums documentaires.
Classification : LCC QE862.S3 D44514 2022 | CDD j567.912—dc23

Dépôt légal, Bibliothèque et Archives nationales du Québec, 2022
Dépôt légal, Bibliothèque et Archives du Canada, 2022

Tous droits de traduction, de reproduction et d'adaptation réservés

Titre original : *What's so special about Megalosaurus?*
Published in 2021 by The Dragonfly Group Ltd

**email** info@specialdinosaurs.com
**website** www.specialdinosaurs.com

First edition: Copyright 2016 by Nicky Dee
Second edition: Copyright 2021 by Nicky Dee
Nicky Dee has asserted her right under the Copyright, Designs, and Patents Act 1988 to be identified as the Author of this work.

© Éditions Québec Amérique inc., 2022.
quebec-amerique.com

Imprimé au Canada

# REMERCIEMENTS

**Dean Lomax, Ph. D.**
Paléontologue remarquable plusieurs fois récompensé, auteur et communicateur scientifique, M. Lomax a collaboré à la réalisation de cette série à titre d'expert-conseil.
www.deanrlomax.co.uk

**David Eldridge et The Curved House**
Pour la conception et le graphisme originaux du livre.

**Gary Hanna**
Artiste 3D de grand talent.

**Scott Hartman**
Paléontologue et paléoartiste professionnel, pour les squelettes et les silhouettes.

**Ian Durneen**
Artiste numérique de haut niveau, pour les illustrations numériques des dinosaures en vedette.

**Ron Blakey**
Colorado Plateau Geosystems Inc.
Créateur des cartes paléogéographiques originales.

**Ma famille**
Pour sa patience, ses encouragements et son soutien extraordinaire. Merci !

FSC
www.fsc.org
MIXTE
Papier issu de sources responsables
FSC® C011825